Unia Genosis

ROSEN-KRIEG - Dritter Band

AF881743

Unia Genosis

ROSEN-KRIEG - Dritter Band

"war of the roses" / "guerre des roses"

Goldene Rakete Verlag für Belletristik

Imprint
Any brand names and product names mentioned in this book are subject to trademark, brand or patent protection and are trademarks or registered trademarks of their respective holders. The use of brand names, product names, common names, trade names, product descriptions etc. even without a particular marking in this work is in no way to be construed to mean that such names may be regarded as unrestricted in respect of trademark and brand protection legislation and could thus be used by anyone.

Cover image: www.ingimage.com

Publisher:
Goldene Rakete Verlag für Belletristik
is a trademark of
International Book Market Service Ltd., member of OmniScriptum Publishing Group
17 Meldrum Street, Beau Bassin 71504, Mauritius

Printed at: see last page
ISBN: 978-620-2-44413-2

Copyright © Unia Genosis
Copyright © 2018 International Book Market Service Ltd., member of OmniScriptum Publishing Group
All rights reserved. Beau Bassin 2018

Inhaltsverzeichnis:

I. Müllentsorgung (2011/2012):

1. Schreiben Kanzlei „Schleiereule“:[1]

Sehr geehrter Herr Kollege,

unsere Mandantin hat mittlerweile rund 10 m^3 Müll, Kleidung und andere Sachen Ihres Mandanten zusammengestellt.

Ihr Mandant mag dafür Sorge tragen, dass diese Sachen bis spätestens zum 15. November abgeholt werden.

Andernfalls müssten diese Sachen entsorgt werden, was nicht Aufgabe meiner Mandantin ist.

Mit freundlichem kollegialem Gruß

Rechtsanwältin

[1] 31.10.2011

2. Schreiben Kanzlei „ehr&wehr“:[2]

Sehr geehrte Frau Kollegin,

wegen der „rund 10 m³ Müll, Kleidung und andere Sachen“ unseres Mandanten fand zwischen den Parteien vor etwa drei Wochen eine Einigung statt, dass unser Mandant seine Sachen abholt, sobald er eine Lagermöglichkeit hierfür gefunden hat.

Die nunmehr gesetzte Frist bis zum 15.11. ist zu kurz. Seine Bemühungen um eine solche Lagermöglichkeit haben bisher noch nicht zu einem Erfolg geführt. Sollte er vor dem 15.11. eine solche Möglichkeit gefunden haben, wird er selbstverständlich gerne dafür Sorge tragen, seine Sachen abzuholen.

Eine „Entsorgung“ seines Eigentums durch Ihre Mandantin wird hiermit ausdrücklich untersagt unter Androhung von Schadensersatzansprüchen. Unser Mandant versichert allerdings ausdrücklich, dass er bemüht ist, zeitnah eine Lagermöglichkeit zu finden.

Mit freundlichen kollegialen Grüßen

Rechtsanwalt

[2] 02.11.2011

3. Schreiben Kanzlei „ehr&wehr“:[3]

Sehr geehrte Frau Kollegin,

in Sachen Herr A./. Frau G. wird unser Mandant in der kommenden Woche seine stationäre Rehabilitationsmaßnahme antreten.

Auf die Angelegenheit wegen Herausgabe seiner persönlichen Gegenstände werden wir deshalb nach Rückkehr aus der Rehabilitation zu sprechen kommen.

Während dieser Zeit ist allerdings der Umgang mit den Kindern, so wie er bisher geregelt ist, nicht betroffen.

Mit freundlichen kollegialen Grüßen

Rechtsanwalt

---

[3] 10.08.2012

II. <u>Vermögen (2012):</u>

1. Schreiben Kanzlei „ehr&wehr“:[4]

Sehr geehrte Frau Kollegin,

in der Familiensache A / G befinden sich in der Immobilie Ihrer Mandantin noch in großem Umfange Maschinen, Werkzeuge, Geräte und sonstige Gegenstände, die im Alleineigentum unseres Mandanten stehen, von diesem gekauft und von diesem bezahlt wurden.

Es handelt sich um folgende Gegenstände:

1) 1 Kreissäge
2) 1 Kappkreissäge
3) 1 Kreissäge
4) 2 Kompressor mit Schlauch und Zubehör
5) 1 Amboss mit Voramboss und Eichenfuss
6) Ca. 10 Schmiedezangen und 5 Schmiedehämmer
7) 1 Schmiedefeuerstelle mit Gebläse
8) 1 Eimer Schmiedekohle
9) Ca. 500 kg Braunkohlebrikets
10) Ca. 0.5 m³ Brennholz
11) 1 kl. Kaminofen
12) 1 Hobelbank
13) 1 Werkbank mit Schraubstock
14) 1 Ständerbohrmaschine

[4] 08.05.2012

15) 1 Schraubstock
16) 1 Metall-Leitungssuchgerät
17) 1 elektr. Handhobel
18) 2 Graviermaschinen samt Zubehör
19) 1 Heissluftgerät (fönartig)
20) 2 Heissklebepistolen mit ca 50 Klebesticks
21) 1 Handkreissäge
22) 1 Schlagbohrmaschine
23) 1 Winkelschleifer
24) Ca 20 Trenn-, Schleif- und Schruppscheiben
25) 1 Handoberfräse mit Fräsköpfen
26) 1 Doppleschleifmaschine
27) 1 Motorsense
28) 1 elektr. Kettensäge
29) 1 Sackkarre
30) 1 Schubkarre
31) 3 Rollen Schleifpapier
32) Ca. 50 Bohrer, ca. 10 überlange Bohrer
33) 3 Lochsägen mit Sägeeinsätzen
34) 1 Akkuschrauber mit Ladegerät
35) Ca 15 Schraubzwingen
36) 2 Rauhbänke
37) 1 Schlichthobel
38) 2 Profilhobel
39) 1 Kugelkopfhammer
40) 1 Fäustel
41) ca 5 Hämmer vers. Grössen
42) ca 25 Stechbeitel
43) ca 5 Anreisswinkel

44) ca 30 Zangen

45) 2 Blechscheren

46) Ca 5 Scheren

47) Ca 45 Schraubendreher

48) 1 Richtwasserwaage

49) 2 Wasserwagen

50) 2 Schreinerspannsägen

51) 2 Bügelsägen aus Metall

52) Ca 10 Feilen und Raspeln

53) Ca 40 Schraubschlüssel

54) 1 Abziehstein

55) 1 Flaschenzug mit 4 Hebeschlaufen

56) 1 Aluleiter

57) 40 m Schlauch

58) 3 Schläuche

59) Ca 20 Tomatenrankhilfen aus Metall

60) 1 Gartenhacke schwer

61) 1 Gartenhacke leicht

62) 1 Spaten

63) 1 Grabgabel

64) 1 Mistgabel

65) 1 Holzrechen

66) 1 Metallrechen

67) 1 Kartoffelhacke

68) 1 Spitzhacke

69) 2 Bauschaufeln

70) 3 Wühlmausvertreiber

71) 1 Schubkastenschrank

72) 3 Kartoffelhorden

73) Ca 30 Bügelverschlussflaschen
74) 1 Gemüsehobel
75) Ca 10 Jutesäcke
76) Ca 60 kg Schrauben, Muttern, Nägel
77) Kleinteileschalen, Aufhängeplatten für Kleinteileschalen
78) 1 Verlängerungskabel 50 m
79) 1 Verlängerungskabel 25 m
80) 3 Verlängerungskabel 10 m
81) 5 Verlängerungskabel mit Mehrfachsteckdose
82) 50 m Kabel grau
83) Ca 50 Elektroteile
84) 1 Strommessgerät
85) Ca 15 Rauhspundbretter
86) Ca 30 Schalbretter
87) Ca 50 Holzbretter und Holzwerkstoffe
88) Ca 50 Metallteile
89) Ca 15 Gebinde Lacke, Öle, Lösungsmittel
90) 1 20 l Metallkanister mit Ausgiesstutzen
91) 2 5 Kunsstoffkanister mit Ausgiesstutzen
92) Ca 5 Seile
93) Ca 5 Pakete Schnüre
94) Ca 10 Rollen vers. Klebeband
95) Ca 100 Glühbirnen
96) 1 Brunnenhandpumpe mit Saugrohr
97) 4 Gartenstühle braun
98) 1 Gartenstuhl blau
99) 1 Ampelsonnenschirm rot samt 6 Steinplatten
100) 2 Pakete Arbeitshandschuhe
101) 4 Bigpacks

102) Ca 30 m² Gartenbaufolie grün
103) 1 großer Krauthobel aus Holz
104) 2 Sauerkrautfässer aus Steinzeug
105) 1 große Gärflasche mit Gäraufsatz
106) 1 Flüssigkeitsbehälter 20 l Kunststoff
107) 1 Mikrowelle braun (vorehelich)
108) Ca 30 Musik CD (vorehelich)
109) 1 paar Holzschuhe, Größe 45
110) 10 Baueinmer 10 l mit durchbohrtem Boden
111) 1 Regenfass Kunststoff grün
112) 2 alte Koffer

Da Herr A. nunmehr ein eigenes Haus hat, in das er zum einen noch nicht unerhebliche Arbeiten stecken muss, um es vollends bewohnbar zu machen, zum anderen dann auch den Platz für die entsprechenden Dinge hat, wird nunmehr die Herausgabe der genannten Gegenstände erwartet.

Sollte wider Erwarten Ihre Mandantin an diesen Gegenständen Interesse haben, ist unser Mandant bereit, diese Gegenstände gegen Zahlung von 15.000,-- € Ihrer Mandantin zu überlassen und das Eigentum zu übertragen.

Ich darf um eine Stellungnahme hierzu höflichst bis zum 30.05.2012 bitten.

Mit freundlichen kollegialen Grüßen

Rechtsanwalt

2. Schreiben Kanzlei „Schleiereule“:[5]

G/A
Vermögen

Sehr geehrter Herr Kollege,

in obiger Sache nehme ich Bezug auf Ihre Schreiben vom 08.05., 11.06. und 26.06.2012 und entschuldige mich zunächst in aller Form für die bisherige Nichtbearbeitung.

An meiner Mandantin lag es nicht, denn diese hatte mir bereits mit E-Mail vom 10.05.2012 eine detaillierte Liste der herauszugebenden Gegenstände geschickt.

Diese Liste überreiche ich in Kopie anbei.

Anzumerken ist noch, dass meine Partei inzwischen noch die 2 alten Koffer in der Werkstatt gesichtet hat, die ebenfalls abgeholt werden können.

Meine Mandantin möchte keinesfalls, dass Ihre Partei beim Abholen der Sachen die Werkstatt betritt. Er mag stattdessen 2 kräftige Männer schicken, die die Gegenstände nach vorheriger Terminabsprache abtransportieren.

---

[5] 24.07.2012

Als Termine kommen aus Sicht meiner Mandantin in Betracht:
Mo, d. 30.07.12, ab 10.00 Uhr
Di., d. 31.07.12, ab 10.00 Uhr
Mi., d. 01.08.12, ab 10.00 Uhr
Do., d. 02.08.12, ab 10.00 Uhr

Ich gehe davon aus, dass sich die Parteien hier einig werden.

Mit freundlichem kollegialen Gruß

Rechtsanwältin

3. Schreiben Kanzlei „ehr&wehr":[6]

Sehr geehrte Frau Kollegin,

in der Vermögensangelegenheit A / G finde ich nach Rückkehr aus dem Urlaub Ihr Schreiben vom 24.07.2012 hier vor.

Die darin genannten Termine konnte bzw. kann unser Mandant nicht wahrnehmen. Ich gehe davon aus, dass Terminsvereinbarungen unmittelbar zwischen den geschiedenen Eheleuten möglich sind. Herr A. wird die Sachen abholen.

Wenn Ihre Mandantin ihm den Zutritt zu der Werkstatt untersagt, mag sie in Absprache mit unserem Mandanten aus der Werkstatt herausschaffen. Unser Mandant ist weder in der Lage noch bereit, die Kosten „zwei kräftige Männer" aufzuwenden.

Die Kommentare Ihrer Mandantin zu den meisten Gegenständen („gehört zum Haus" etc.) können in den meisten Fällen nicht so einfach akzeptiert werden. Zu dem mag Ihre Mandantin sich vor Augen halten, dass, wenn sie hier behauptet, es handele sich um Haushaltsgegenstände, sie verpflichtet wäre zum Ausgleich des hälftigen Wertes.

Unser Mandant wird sich unmittelbar an Ihre Mandantin wenden wegen der Vereinbarung eines Abholtermins für die Gegenstände, die Ihre Mandantin mit „k.e.h." [= kann er haben] bezeichnet hat.

---

[6] 02.08.2012

Mit freundlichen kollegialen Grüßen

Rechtsanwalt

4. Schreiben Kanzlei „ehr&wehr":[7]

Sehr geehrte Frau Kollegin,

in Sachen Herr A./. Frau G. wird unser Mandant in der kommenden Woche seine stationäre Rehabilitationsmaßnahme antreten.

Auf die Angelegenheit wegen Herausgabe seiner persönlichen Gegenstände werden wir deshalb nach Rückkehr aus der Rehabilitation zu sprechen kommen.

Während dieser Zeit ist allerdings der Umgang mit den Kindern, so wie er bisher geregelt ist, nicht betroffen.

Mit freundlichen kollegialen Grüßen

Rechtsanwalt

[7] 10.08.2012

III. Umgang (2012/2013):

1. Schreiben Kanzlei „Schleiereule“:[8]

Sehr geehrte Herren Kollegen,

aus aktuellem Anlass möchten wir Sie dringend darum bitten, Ihren Mandanten zu veranlassen, sich an die am 02.01.2012 geschlossene gerichtliche Vereinbarung über das Umgangsrecht zu halten.

Nach dem Scheidungstermin am vergangenen Dienstag bat Ihr Mandant unsere Partei erneut um eine Ausdehnung und Änderung des Umgangsrechts. Insbesondere äußerte er den Wunsch die Kinder einzeln zu haben, was gerade im Hinblick auf die jüngere Tochter vermieden werden soll.

Aus diesseitiger Sicht ist es zum Wohle beider Kinder absolut notwendig, dass die gerichtliche Regelung bestehen bleibt und die Kinder nicht durch andauernde andere Wünsche Ihrer Partei verunsichert werden. Ihr Mandant mag bedenken, dass beide Kinder nicht ohne Grund sich in noch länger andauernder kinderpsychologischer Behandlung befinden.

Bei weiterer Korrespondenz bitten wir zu beachten, dass sich die Unterzeichnende bis zum 20.08.2012 in Urlaub befindet.

Mit freundlichem kollegialem Gruß
Rechtsanwältin

---

[8] 29.07.2012

2. Schreiben Kanzlei „ehr&wehr":[9]

Sehr geehrte Frau Kollegin,

in der Familiensache A / G finde ich bei Rückkehr aus dem Urlaub Ihr Schreiben vom 29.07.2012 vor.

Ihre Ausführungen lösen nun in der Tat ein gewisses Befremden aus.

Zum einen ist anzumerken, dass unser Mandant sich an die in der Vergangenheit getroffene Regelung des Umgangs gehalten hat und hält, so dass es der Aufforderung, sich an diese Vereinbarung zu halten, in keiner Weise bedarf.

Dass unser Mandant Ihre Mandantin darauf angesprochen hat, ob in der Zukunft der Umgang mit den beiden Kindern erweitert werden könne, ist doch wohl nicht so erstaunlich und nicht so fernliegend, dass es einer solchen Reaktion bedürfte.

Bei dem Gespräch zwischen Ihrer Mandantin und unserem Mandanten erklärte Ihre Mandantin wörtlich: „Sie würde sich die Sache überlegen." Um so befremdender ist, dass hier sogleich ein Anwaltsschreiben erfolgt. Ist Ihre Mandantin nicht in der Lage, selbst im Rahmen ihres Sorgerechtes sachlich zu entscheiden?

Der von Ihrer Seite nunmehr wiederholte Hinweis auf die kinderpsychologischer Behandlung der beiden Kinder trifft zwar zu, kann

[9] 02.08.2012

aber doch ernstlich im Hinblick auf die Dauer dieser Behandlung und Bedürftigkeit, die seinerzeit als Begründung dafür diente, unseren Mandanten aus dem Hause zu weisen, nicht als Argument dienen.

An unserem Mandanten kann es nun wirklich nicht mehr liegen, wenn hier weiter Behandlungsbedürftigkeit der Kinder besteht.

Ihre Mandantin möge bedenken, dass es aus hiesiger Sicht eindeutig nicht dem Wohle der Kinder entspricht, so weiter zu verfahren. Im Hinblick darauf, dass unser Mandant eine stationäre Rehabilitationsmaßnahme vor sich hat, die zeitlich noch nicht genau bestimmt ist, mag es bis zur Beendigung dieser Maßnahme bei der gegenwärtigen Regelung des Umgangs verbleiben. Danach wird Ihre Mandantin sich allerdings mit dem Wunsch unseres Mandanten nach Ausdehnung des Umgangsrechtes sachlich auseinandersetzen müssen.

Mit freundlichen kollegialen Grüßen

Rechtsanwalt

3. <u>Schreiben Kanzlei „ehr&wehr“:</u>[10]

Sehr geehrte Frau Kollegin,

in der Angelegenheit der beiden Kinder unserer jeweiligen Mandantschaft ist es nun wirklich an der Zeit, die Umgangssituation zu ändern und den Kindern die Gelegenheit zu geben, häufig und länger bei ihrem Vater zu sein. Irgendwelche Gründe, die dem entgegenstehen würden, sind nicht ersichtlich.

Ihre Mandantin wird aufgefordert, einer Regelung für die Zukunft zuzustimmen dahingehend, dass unser Mandant die beiden Kinder im zweiwöchigen Turnus von Freitagabend 18.00 Uhr bis Sonntag 18.00 Uhr zu sich nimmt. Es wird erwartet, dass diese Regelung des im Grunde selbstverständlichen Umgangsrechtes der Kinder und unseres Mandanten alsbald beginnt und zwar am Ende der 50. Woche 2012.

Darüber hinaus erwartet unser Mandant die Zustimmung Ihrer Mandantin dazu, dass die beiden Kinder den 2. Weihnachtstag bei ihm verbringen. Danach dann wieder das letzte Wochenende des Jahres.

Ich versage es mir an dieser Stelle, auf die eindeutige Rechtsprechung der letzten Jahre zum Umgangsrecht von Kindern und Vätern hinzuweisen. Es ist ein Grund- und Menschenrecht von Kindern und Vätern, Umgang zu haben. Weshalb vorliegend nicht einmal das übliche Mindestmaß an Umgang der Kinder mit unserem Mandanten zugestanden wird, ist schlechterdings nicht nachzuvollziehen.

---

[10] 20.11.2012

Sollte eine Einigung nicht kurzfristig bis zum 05.12.2012 möglich sein, wird unser Mandant uns beauftragen, das Umgangsrecht gerichtlich zu regeln. Gerade die jüngere Tochter hat unserem Mandanten erklärt, dass sie häufiger und länger bei unserem Mandanten bleiben möchte.

Mit freundlichen kollegialen Grüßen

Rechtsanwalt

4. Schreiben Kanzlei „Schleiereule“:[11]

Sehr geehrter Herr Kollege,

in obiger Sache nehme ich Bezug auf Ihr genanntes Schreiben vom 20.11.2012 und auf unser Telefonat in dieser Woche und teile Ihnen nach ausführlicher Rücksprache mit unserer Mandantin mit, dass diese einer Ausweitung des Umgangsrechts *nicht* zustimmt.

Wir sind der Auffassung, dass eine von der gerichtlichen Vereinbarung abweichende Umgangsregelung nicht dem Wohle der beiden Töchter dient.

Ihrem Mandanten raten wir, hier keinen weiteren Druck auszuüben, da sich dies langfristig in jeder Hinsicht negativ auf die Vater-Tochter-Beziehung auswirken wird.

Mit freundlichem kollegialem Gruß

Rechtsanwältin

[11] 15.12.2012

5. Schreiben Kanzlei „ehr&wehr“:[12]

Antrag auf Regelung des Umgangsrechtes

des Herrn A.

Antragstellers,

Verfahrensbevollmächtigte: RAe „ehr&wehr“

g e g e n

Frau G.

Antragsgegnerin.

Namens und im Auftrage des Antragstellers, dessen schriftliche Vollmacht wir als **Anlage** beifügen, beantragen wir,

den Umgang des Antragstellers mit seinen beiden Kindern, beide mit Aufenthalt bei der Antragsgegnerin, wie folgt zu regeln:

Der Antragsteller ist berechtigt,

1. mit den beiden Kindern 14-täglich jeweils von Freitag, 15.00 Uhr, bis Sonntag, 17.00 Uhr, Umgang zu pflegen und die Kinder zu sich zu nehmen,

---

[12] 04.03.2013

2. mit den Kindern jeweils die erste Hälfte der Sommerferien sowie der Oster-/Herbstferien zu verbringen und sie hierzu zu sich zu nehmen,

3. mit den Kindern jeweils den zweiten Tag der hohen Feiertage Ostern, Pfingsten und Weihnachten zu verbringen und sie hierzu zu sich zu nehmen.

Des weiteren beantragen wir,

dem Antragsteller ratenfreie Verfahrenskostenhilfe unter Beiordnung zu bewilligen.

Gründe:

Die Ehe der Verfahrensbeteiligten wurde durch Beschluss des Amtsgerichts vom 24.07.2012 rechtskräftig geschieden.

Aus der Ehe sind die beiden im Antrage genannten Kinder als Kinder hervorgegangen.

Zwischen den Verfahrensbeteiligten war die Frage des Umgangs des Antragstellers mit den beiden Kindern bereits streitig. Im Verfahren 2011 wurde nach hinhaltendem Widerstand der Antragsgegnerin eine Vereinbarung getroffen, wonach der Antragsteller die beiden Kinder im 14-tägigen Rhythmus samstags von 10.00 bis 18.00 Uhr zu sich nehmen konnte.

Dass der Antragsteller seinerzeit dieser eingeschränkten Umgangsregelung zustimmte hatte den Hintergrund eines vorangegangenen Schagfanfalles mit entsprechenden Behinderungen und Ausfallerscheinungen beim Antragsteller sowie den seinerzeit noch nicht recht befriedigenden Wohnverhältnissen des Antragstellers.

Der Antragsteller hat inzwischen ein eigenes Haus bezogen mit genügend Räumen auch für die Kinder sowie einem großen Grundstück. Der Antragsteller ist inzwischen gesundheitlich und psychisch wieder hergestellt. Er ist nunmehr auf der Suche nach einer Arbeitsstelle.

Der Antragsteller sprach im Juli 2012 die Antragsgegnerin darauf an, dass er wünsche, dass der Umgang mit den Kindern ausgedehnt werde und auf ein normales Maß, wie es nun einmal bei normalen Menschen üblich sei, erweitert werde. Daraufhin lehnte die Antragsgegnerin durch das als **Anlage** 1) beigefügte Anwaltsschreiben vom 29.07.2012 den Wunsch des Antragstellers ab. Hierauf wurde mit dem als **Anlage** 2) beigefügten Anwaltsschreiben vom 02.08.2012 erwidert, mit dem der Antragsteller seinen Wunsch unterstrich und auch weiter begründete. Da er seinerzeit noch eine stationäre Rehabilitationsmaßnahme vor sich hatte wies er darauf hin, dass in dieser Zeit es bei der alten Regelung verbleiben könne, nach erfolgreicher Rehabilitation er jedoch Wert darauf lege, die Umgangsangelegenheiten neu zu regeln.

Aufgrund dessen wurde die Beklagte mit Anwaltsschreiben vom 20.11.2012 (als **Anlage** 3) in Kopie anbei) nochmals gebeten, einer Änderung zuzustimmen. Hierauf kam das als **Anlage** 4) in Kopie beigefügte Schreiben der Rechtsanwälte der Antragsgegnerin vom

14.12.2012 mit strikter Ablehnung unter Vermeidung jeglicher sachlicher Begründung.

Da hier von Seiten der Antragsgegnerin in leichtfertiger und unbegründeter Weise nicht nur das Recht des Antragstellers auf Umgang mit seinen Kindern beeinträchtigt wird, sondern auch das Recht der Kinder auf angemessenen Umgang mit ihrem Vater, ist es nunmehr geboten, den Umgang des Antragstellers mit den Kindern neu zu regeln. Die Kinder selbst haben gegenüber dem Antragsteller den Wunsch geäußert, länger bei diesem zu bleiben als gegenwärtig geregelt. Einer Einschränkung des Umgangs gegenüber dem ansonsten üblichen Maß des zweiwöchentlichen Umgangs über das Wochenende stehen irgendwelche Gründe überhaupt nicht entgegen. Vielmehr verlangt das Wohl der Kinder, den Umgang so zu gestalten, wie beantragt.

Beweis: Sachverständigengutachten.

Anliegend überreichen wir die Erklärung des Antragstellers über seine persönlichen und wirtschaftlichen Verhältnisse nebst Belegen in Kopie.

Rechtsanwalt

6. Schreiben des Amtsgerichts:[13]

In Sachen

A. ./. G.

wegen Umgangsregelung

Sehr geehrte Frau G.,

im oben bezeichneten Verfahren wurde Termin zur Anhörung bestimmt auf:

Mittwoch, den 20.03.2013, um 14.15 Uhr
im Justizgebäude

Zu diesem Termin werden Sie hiermit geladen.

Ihr persönliches Erscheinen zum Termin ist angeordnet.

Mit freundlichen Grüßen
Die Geschäftsstelle des Amtsgerichts

Justizinspektorin
Dieses Schreiben wurde elektronisch erstellt und ist ohne Unterschrift gültig.

[13] 06.03.2013

7. <u>Verfügung des Amtsgerichts:</u>[14]

Verfügung

In der Familiensache

A. ./. G. wg. Umgangsregelung

1. Terminsbestimmung

Termin zur Anhörung wird bestimmt auf:

Mittwoch, den 20.03.2013, um 14:15 Uhr,
im Justizgebäude

2. Ladung

Folgende Verfahrensbeteiligte bzw. deren Verfahrensbevollmächtigte werden hiermit zu diesem Termin geladen:

- Antragsteller A.
- Verfahrensbevollmächtigte (förmlich)
- Antragsgegnerin G. (förmlich)
- Jugendamt der Kreisverwaltung (förmlich)

Belehrungen und Hinweise für die Beteiligten:

[14] 06.03.2013

Gemäß § 155 Abs. 1 FamFG sind Verfahren, die den Aufenthalt des Kindes, das Umgangsrecht oder die Herausgabe des Kindes betreffen, sowie Verfahren wegen Gefährdung des Kindeswohls vorranging und beschleunigt durchzuführen. Der erste Termin zur Erörterung der Sache mit den Beteiligten soll dabei spätestens innerhalb eines Monats nach Beginn des Verfahrens stattfinden (§ 155 Abs. 2 Sat 1 und 2 FamFG). Das Gericht hört das Jugendamt spätestens in diesem Termin an (§ 155 Abs. 2 Satz 3 FamFG). Eine Verlegung des Termins ist nur aus zwingenden Gründen zulässig (§ 155 Abs. 3 Satz 4 FamFG). Der Verlegungsgrund ist mit dem Verlegungsgesuch glaubhaft zu machen (§ 155 Abs. 3 Satz 5 FamFG). Zwingende Gründe sind nur solche, die eine Teilnahme am Termin tatsächlich unmöglich machen, wie z.B. eine Erkrankung. Kein zwingender Grund ist das Vorliegen einer Terminkollision für einen der Beteiligtenvertreter in einem anderen Verfahren, sofern es sich nicht ebenfalls um eine der in § 155 FamFG aufgeführten und zuvor terminierten Angelegenheit handelt. Vielmehr ist in der anderen, nicht vorrangigen Sache ein Verlegungsantrag zu stellen, dem das Gericht wegen des Vorrangs der Kindschaftssache stattzugeben hat.

Urlaub ist kein zwingender Grund !

Bleibt ein Beteiligter im anberaumten Anhörungstermin unentschuldigt aus, kann das Verfahren ohne seine persönliche Anhörung beendet werden (§ 34 Abs. 3 FamFG).

3. Aufforderungen, Anordnungen und Hinweise

Das **persönliche Erscheinen** zur Aufklärung des Sachverhalts folgender Verfahrensbeteiligten **wird angeordnet**:

- Antragsteller A.
- Antragsgegnerin G.

Hinweis (gemäß § 33 Abs. 3 FamFG i.V.m. Art. 6 Abs. 1 EGStGB):

Bleibt ein ordnungsgemäß geladener Beteiligter, dessen persönliches Erscheinen zum Termin angeordnet wurde, unentschuldigt im Termin aus, kann gegen ihn durch Beschluss ein Ordnungsgeld verhängt werden. Das persönliche Erscheinen ist auch dann erforderlich, wenn der Beteiligte durch einen Verfahrensbevollmächtigten vertreten ist. Das einzelne Ordnungsgeld kann bis zu 1.000,00 € betragen. Die Festsetzung des Ordnungsgeldes kann wiederholt werden. Im Falle des wiederholten, unentschuldigten Ausbleibens kann die Vorführung des Beteiligten angeordnet werden. Außerdem kann dem Beteiligten, wenn durch sein Verschulden die Vertagung der mündlichen Verhandlung oder die Anberaumung eines neuen Termins zur mündlichen Verhandlung nötig wird, eine Verzögerungsgebühr auferlegt werden (§ 32 FamGKG). Bleibt ein Beteiligter im anberaumten Anhörungstermin unentschuldigt aus, kann das Verfahren auch ohne seine persönliche Anhörung beendet werden (§ 34 Abs. 3 FamFG).

Sollte der Beteiligte den in dieser Ladung angegebenen Aufenthaltsort inzwischen verlassen haben oder vor dem Termin verlasen, wird dieser unter Angabe der Geschäftsnummer und des Terminstages um sofortige Bekanntgabe der neuen Anschrift gebeten, damit das Gericht entscheiden kann, ob der Beteiligte trotzdem persönlich erscheinen muss. Wird diese Mitteilung unterlassen, ist nicht damit zu rechnen, dass

Mehrkosten einer Anreise erstattet werden. Ergeht bei erfolgter Mitteilung einer neuen Anschrift keine anderslautende Mitteilung, so verbleibt es bei der Ladung zum Termin und der Anordnung des persönlichen Erscheinens.

Weitere Anordnungen für:

- Antragsgegnerin G.:

- Als Anlage wird die bei Gericht eingegangene Antragsschrift zugestellt. Für Familiensachen und für Scheidungsfolgesachen, zum Beispiel Regelung der elterlichen Sorge, des Umgangsrechts, des Unterhalts, des Hausrats, des Versorgungsausgleichs und der Güterrechtsangelegenheiten ist ausschließlich das Familiengericht zuständig. Ist bereits ein solches Verfahren anhängig, wird um Angabe der Geschäftsnummer gebeten.

  Wenn dem Antrag vor dem Termin entgegengetreten werden soll, ergeht an den Beteiligten die Aufforderung, **zur Antragsschrift unverzüglich schriftlich Stellung zu nehmen.** Die Stellungnahme kann auch zu Protokoll der Geschäftsstelle des Amtsgerichts oder durch einen von der Beteiligtenseite auszuwählenden Rechtsanwalt abgegeben werden. **Die Vertretung durch einen Rechtsanwalt ist nicht vorgeschrieben.**

  Der schriftliche Sachvortrag soll jeweils vierfach eingereicht werden.

Sollte der Beteiligte nach seinen persönlichen und wirtschaftlichen Verhältnissen die Kosten der Verfahrensführung nicht, nur zum Teil oder nur in Raten aufbringen können, dann kann auf Antrag Verfahrenskostenhilfe gewährt und ein Rechtsanwalt beigeordnet werden, wenn die beabsichtigte Rechtsverteidigung Aussicht auf Erfolg bietet und nicht mutwillig erscheint. Die entsprechenden Antragsformulare (erhältlich bei den Rechtsantragstellen der Amtsgerichte) sollten bitte dem Rechtsanwalt vorgelegt werden. Hat der Beteiligte keinen Rechtsanwalt, können die Unterlagen zur Verfahrenskostenhilfe direkt beim Familiengericht unter Angabe der oben genannten Geschäftsnummer eingereicht werden oder der Antrag auf Verfahrenskostenhilfe zu Protokoll der Geschäftsstelle erklärt werden.

Die Angaben über die wirtschaftlichen Verhältnisse (Einkommen, Vermögen, Verbindlichkeiten) müssen durch Belege nachgewiesen oder auf gesondertes Verlangen des Gerichts glaubhaft gemacht werden.

- Zum Termin sind die minderjährigen Kinder mitzubringen.

- Jugendamt der Kreisverwaltung:

- Es wird um Vorlage eines Berichts zur Regelung des Umgangsrechts spätestens zum Termin gebeten.

4. Dem Antragsteller wird aufgegeben, konkret zu den Vermittlungsversuchen durch das zuständige Jugendamt vorzutragen.

Richterin am Amtsgericht

Beglaubigt:

Justizinspektorin
als Urkundsbeamtin der Geschäftssteller

8. Schreiben Kanzlei „ehr&wehr“:[15]

In Sachen A. ./. G.

Erhalten wir die Ladung des Gerichts auf den 20.3.2013. Wir bitten, diesen Termin aufzuheben.

Die Antragsgegnerin mit den beiden Kindern wird vom 13.03.2013 bis zum 10.04.2013 an einer stationären Rehabilitationsmaßnahme in Süddeutschland teilnehmen.

Der Antragsteller stimmt deshalb ausdrücklich einer Verlegung zu auf einen Terminstag in der zweiten Aprilhälfte.

Rechtsanwalt

[15] 07.03.2013

9. Schreiben des Amtsgerichts:[16]

In Sachen

A. ./. G.

Wg. Umgangsregelung

Umladung

Hinweis: Bitte bringen Sie diese Ladung und die frühere Ladung zum Termin mit!

Sehr geehrte Frau G.,

der Ihnen mitgeteilte Termin in diesem Verfahren am 20.03.2013, 14.15 Uhr, wurde verlegt.

Grund:

Stationäre Rehabilitationsmaßnahme der Antragsgegnerin und der Kinder

Sie brauchen daher zu diesem Termin n i c h t zu erscheinen.

Neuer Termin ist bestimmt worden auf:

Mittwoch, 17.04.2013, 13.30 Uhr

---

[16] 11.03.2013

Zu diesem Termin werden Sie hiermit geladen. Bisher ergangene Anordnungen gelten fort. Auf die in ihrer letzten Ladung angegebenen Folgen im Falle Ihres Nichterscheinens wird zudem nochmals ausdrücklich hingewiesen.

Mit freundlichen Grüßen
Die Geschäftsstelle des Amtsgerichts

Justizobersekretär
Dieses Schreiben wurde elektronisch erstellt und ist ohne Unterschrift gültig.

10. Schreiben Kanzlei „Schleiereule“:[17]

In der Familiensache

A. ./. G.,

wegen Umgangsrecht

zeigen wir unter Vorlage auf uns lautender Vollmacht an, dass wir die Antragsgegnerin vertreten.

Wir werden beantragen,

den Antrag des Antragstellers auf Ausdehnung des Umgangsrechts zurückzuweisen.

Begründung:

Zunächst wird mitgeteilt, dass die Antragsgegnerin mit den beiden Töchern am 13.03.2013 die stationäre Rehabilitationsmaßnahme, die zunächst bis zum 10.04.2013 andauert, angetreten hat.

Der Antragsteller hat dem stationären Aufenthalt bezüglich der Kinder zugestimmt und durch seinen Verfahrensbevollmächtigten bereits eine Verlegung des Termins beantragt.

[17] 22.03.2013

Neuer Verhandlungstermin ist für Mittwoch, den 17.04.2013, 14.30 Uhr, anberaumt worden. Sollte die stationäre Maßnahme verlängert werden müssen, so wird dies dem Gericht umgehend mitgeteilt werden.

Zur Sache selbst wird folgendes vorgetragen:

Nach Abschluss des gerichtlichen Vergleichs in dem vor dem hiesigen Gericht anhängigen Umgangsverfahren am 02.01.2013, in dem mit gutem Grund zum Wohle der beiden minderjährigen Töchter ein relativ eingeschränktes Umgangsrecht mit Besuchen im 14-tägigen Rhythmus samstags von 10.00 Uhr bis 18.00 Uhr vereinbart worden ist, versuchte der Antragsteller bereits nach kurzer Zeit, die Umgangskontakte auszudehnen und die Kinder einzeln zu Besuch zu bekommen.

Da die jüngere Tochter nach wie vor mit dem Antragsteller nicht spricht (so wie sie auch sonst mit keinem Erwachsenen, außer ihrer Mutter, spricht) und auch die ältere Tochter nach den Besuchskontakten regelmäßig sehr „aufgewühlt" sind und die bisherigen Sitzungen bei dem Kinderpsychologen noch keine entscheidenden Fortschritte gebracht haben, dient eine Ausdehnung der Umgangskontakte nicht dem Wohl der Kinder. Diese Auffassung vertritt auch der Kinderpsychologe.

Daran ändert sich auch nichts durch die Tatsache, dass es dem Antragsteller gesundheitlich besser als zum Zeitpunkt des Vergleichsabschlusses geht und er mittlerweile in den eigenen vier Wänden wohnt. Die Gründe dafür sind vielschichtig.

Diesseits wird daher die Auffassung vertreten, dass ausschließlich ein familienpsychologisches Gutachten Klärung herbeiführen kann. Es wird daher angeregt, ein solches einzuholen.

Rechtsanwältin

11. Schreiben Kanzlei „Schleiereule“:[18]

Eilt – bitte sofort vorlegen!

In der Familiensache

A. ./. G.,

wegen Umgangsrecht

wird mitgeteilt, dass für die Antragsgegnerin mit den beiden gemeinsamen Kindern seitens der Klinik eine Verlängerung der stationären Behandlung **bis 08.05.2013** beantragt worden ist. Eine vorläufige Bescheinigung der Klinik wird beigefügt.

Da von einer Genehmigung des Kostenträgers und auch des Kindesvaters auszugehen ist, **wird beantragt**,

den für Mittwoch, den 17.04.2013 auf 14.30 Uhr anberaumten Verhandlungstermin **aufzuheben.**

Rechtsanwältin

[18] 22.03.2013

12. Schreiben des Amtsgerichts:[19]

In Sachen

A. ./. G.

wg. Umgangsregelung

Umladung

Hinweis: Bitte bringen Sie diese Ladung und die frühere Ladung zum Termin mit!

Sehr geehrte Frau G.,

der Ihnen mitgeteilte Termin in diesem Verfahren am 20.03.2013, 14.15 Uhr, wurde verlegt.

Grund:

Verhinderung des Antr.Gegner/Beklagten

Sie brauchen daher zu diesem Termin n i c h t zu erscheinen.

Neuer Termin ist bestimmt worden auf:

Donnerstag, 06.06.2013, 13.15 Uhr

Zu diesem Termin werden Sie hiermit geladen. Bisher ergangene Anordnungen gelten fort. Auf die in ihrer letzten Ladung angegebenen

[19] 15.04.2013

Folgen im Falle Ihres Nichterscheinens wird zudem nochmals ausdrücklich hingewiesen.

Mit freundlichen Grüßen
Die Geschäftsstelle des Amtsgerichts

Justizinspektorin
Dieses Schreiben wurde elektronisch erstellt und ist ohne Unterschrift gültig.

13. <u>Schreiben des Amtsgerichts:</u>[20]

In Sachen

A. ./. G.

wg. Umgangsregelung

Abladung

Sehr geehrte Frau G.,

der Termin vom 06.06.2013, 13.15 Uhr, wurde aufgehoben.

Sie brauchen daher zu diesem Termin n i c h t zu erscheinen.

Die Anberaumung eines neuen Termins bleibt vorbehalten.

Mit freundlichen Grüßen
Die Geschäftsstelle des Amtsgerichts

Justizobersekretär
Dieses Schreiben wurde elektronisch erstellt und ist ohne Unterschrift gültig.

[20] 31.05.2013

14. <u>Schreiben des Amtsgerichts:</u>[21]

In Sachen

A. ./. G.

wg. Umgangsregelung

Sehr geehrte Frau G.,

im oben bezeichneten Verfahren wurde Termin zur Anhörung bestimmt auf:

Donnerstag, den 18.07.2013, um 14:15 Uhr
im Justizgebäude

Zu diesem Termin werden Sie hiermit geladen.

Ihr persönliches Erscheinen zum Termin ist angeordnet.

Auf die beigefügte Abschrift der Terminsverfügung wird hingewiesen. Es wird gebeten, von dieser Kenntnis zu nehmen. Zur Vermeidung von Nachteilen beachten Sie dort insbesondere die Sie betreffenden Anordnungen, Belehrungen und Hinweise.

Geben Sie bitte bei allen Schreiben das oben angegebene Geschäftszeichen an und fügen Sie bitte den Schriftsätzen und Anlagen

---

[21] 04.06.2013

immer die erforderliche Anzahl von Abschriften/Ablichtungen für die/den anderen Beteiligten und deren Verfahrensbevollmächtigte/n bei.

Mit freundlichen Grüßen
Die Geschäftsstelle des Amtsgerichts

Justizinspektorin
Dieses Schreiben wurde elektronisch erstellt und ist ohne Unterschrift gültig.

15. Schreiben Kanzlei „Schleiereule“:[22]

Eilt !!!

Sehr geehrte Damen und Herren,
sehr geehrte Frau S.,

der Ordnung halber zeige ich hiermit nochmals unter Vorlage auf mich lautender Vollmacht an, dass ich Frau G., Mutter der beiden oben genannten Mädchen, in einem Umgangsverfahren vor dem hiesigen Familiengericht anwaltlich vertrete.

Ich nehme Bezug auf das mit Ihrer Kollegin gestern geführte freundliche Telefonat bezüglich der Abschlussberichte der oben genannten beiden Kinder.

Wir haben in der erwähnten Umgangsrechtssache am Donnerstag, den 18.07.2013 vor dem Familiengericht einen Verhandlungstermin – die Ladung füge ich anbei.

Für alle Beteiligten des Verfahrens ist es außerordentlich wichtig, die ärztlichen / therapeutischen Beurteilungen von beiden Mädchen, insbesondere der jüngeren Tochter, rechtzeitig vorliegen zu haben.

Ich habe mit Ihrer Kollegin vereinbart, dass der noch nicht fertig gestellte Bericht über die jüngere Tochter wegen der Dringlichkeit der

[22] 12.07.2013

Angelegenheit, umgehend bearbeitet wird und mir schnellstmöglich beide Entlassungsberichte direkt zugesandt werden – gerne auch per Telefax.

Meine Mandantin hat mit heutiger Post eine Erklärung über die Entbindung von der Schweigepflicht und über ihr Einverständnis zur Übersendung der Berichte direkt an mich an die Klinik abgeschickt.

Vielen Dank für Ihre Mühe und Ihr Verständnis.

Mit freundlichem Gruß

Rechtsanwältin

16. Schreiben Kanzlei „ehr&wehr“:[23]

In der Familiensache

A. ./. G.

wegen Umgangsrecht

beantragen wir,

den auf den 18. Juli 2013 anberaumten Termin aufzuheben und das Ruhen des Verfahrens anzuordnen.

Gründe:

Dieser Antrag erfolgt im Einverständnis der Verfahrensbeteiligten und deren Verfahrensbevollmächtigten.

Antragsteller und Antragsgegnerin haben sich nach intensivem Gespräch auf eine vorläufige und zunächst zeitlich befristete Regelung geeinigt, welche die Antragsgegnerin in der als Anlage überreichten E-Mail festgehalten hat.

[Gesprächsprotokoll vom 6.7.2013: a) Abholung der Werkstattgegenstände mit Hänger: 8.-18.17.2013; b) vorläufig vereinbarte Umgangsregelung in den Sommerferien: i) 6.-7.7.13: Probeübernachtung der Kinder (1 Nacht); ii) 8.-21.7.13: Kinder zu Hause; iii) 22.-26.7.13: Probeaufenthalt der Kinder (4 Nächte); iv) 27.7.-

[23] 12.07.2013

4.8.13: Kinder zu Hause; v) 5.-16.8.13: Probeaufenthalt der Kinder (11 Übernachtungen).]

Rechtsanwalt

17. Schreiben Kanzlei „Schleiereule“:[24]

Eilt – bitte sofort vorlegen!

In der Familiensache

A. ./. G.

wegen Umgangsrecht

wird Bezug genommen auf das heutige Telefax des Prozessbevollmächtigten an das Familiengericht.

Es wird aus den dort genannten Gründen ebenfalls um **Terminsaufhebung** gebeten.

Das Gericht wird nach den Sommerferien über den Sachstand der bis dahin erfolgten Umgangskontakte informiert werden.

Rechtsanwältin

[24] 12.07.2013

18. Schreiben des Amtsgerichts:

In Sachen

A. ./. G.

wg. Umgangsregelung

Abladung

Sehr geehrte Damen und Herren Rechtsanwälte,

der Termin vom 18.07.2013, 14.15 Uhr, wurde aufgehoben.

Sie brauchen daher zu diesem Termin n i c h t zu erscheinen.

Die Anberaumung eines neuen Termins bleibt vorbehalten.

Bitte informieren Sie unbedingt Ihre Mandantschaft von der Terminaufhebung.

Mit freundlichen Grüßen

Die Geschäftsstelle des Amtsgerichts

Justizinspektorin

Dieses Schreiben wurde elektronisch erstellt und ist ohne Unterschrift gültig.

19. Schreiben Kanzlei „ehr&wehr“:[25]

In der Familiensache

A. ./. G.

wg. Umgangsregelung

stellt sich der gegenwärtige Stand der Angelegenheit so dar, dass die verfahrensbeteiligten geschiedenen Eheleute derzeit im gegenseitigen Einverständnis Umgang und Umgangszeiten des Antragstellers mit den beiden Kindern regeln.

Nach Ansicht des Antragstellers dürfte sich derzeit eine gerichtliche Regelung des Umgangsrechtes erübrigen.

Wir haben die Akte auf Wiedervorlage auf Ende Dezember gelegt und werden dann – womöglich abschließend – berichten.

Rechtsanwalt

[25] 29.10.2013

20. Schreiben Kanzlei „Schleiereule“:[26]

In der Familiensache

A. ./. G.

wegen Umgangsrecht

wird Bezug genommen auf die Anfrage des Gerichts nach dem Sachstand mit Datum vom 21.10.2013 und für die Antragstellerin mitgeteilt, dass diese sich bis zu den Weihnachtsferien 2013 bezüglich des Umgangs mit dem Antragsteller geeinigt hat.

Rechtsanwältin

---

[26] 31.10.2013

21. Schreiben des Amtsgerichts:[27]

In Sachen

A. ./. G.

wg. Umgangsregelung

Sehr geehrte Damen und Herren Rechtsanwälte,

das Gericht möchte nunmehr das Verfahren endgültig abschließen.

Es wird daher um eine konkrete Stellungnahme gebeten, ob eine gerichtliche Entscheidung benötigt wird.

Das Verfahren dauert nun schon seit März 2013 an.

Frist: 10 Tage

Mit freundlichen Grüßen

Richterin am Amtsgericht

Beglaubigt:
Justizobersekretär

[27] 11.11.2013

22. Schreiben Kanzlei „ehr&wehr“:[28]

In der Familiensache

A. ./. G.
wg. Umgangsregelung

teilen wir nach Rücksprache mit dem Antragsteller unter Bezugnahme auf das Schreiben des Gerichts vom 11. November 2013 mit, dass es keiner gerichtlichen Entscheidung mehr bedarf. Von Antragstellerseite kann das Verfahren als erledigt erklärt werden.

Rechtsanwalt

[28] 19.11.2013

23. <u>Schreiben Kanzlei „Schleiereule“:</u>[29]

In der Familiensache

A. ./. G.

wegen Umgangsrecht

wird Bezug genommen auf die Anfrage des Gerichts vom 11.11.2013 und für die Antragsgegnerin mitgeteilt, dass diese bezüglich des Umgangsrechtes keine neue gerichtliche Entscheidung benötigt.

Rechtsanwältin

---

[29] 25.11.2013

24. Schreiben Kanzlei „Schleiereule“:[30]

In der Familiensache

A. ./. G.

wegen Umgangsrecht

wird Bezug genommen auf den Schriftsatz des Antragstellers vom 19.11.2013 und mitgeteilt, dass der Antragsteller nach diesseitiger Auffassung den Antrag gemäß § 22 Abs. 1 Fam FG zurücknehmen muss.

Eine Erklärung der Beteiligten, dass das Verfahren erledigt ist im Sinne des § 22 Abs. 3 FamFG, ist nach § 22 Abs. 4 unzulässig.

Rechtsanwältin

[30] 02.12.2013

More Books!

yes
I want morebooks!

Buy your books fast and straightforward online - at one of the world's fastest growing online book stores! Environmentally sound due to Print-on-Demand technologies.

Buy your books online at

www.get-morebooks.com

Kaufen Sie Ihre Bücher schnell und unkompliziert online – auf einer der am schnellsten wachsenden Buchhandelsplattformen weltweit!
Dank Print-On-Demand umwelt- und ressourcenschonend produziert.

Bücher schneller online kaufen

www.morebooks.de

SIA OmniScriptum Publishing
Brivibas gatve 1 97
LV-103 9 Riga, Latvia
Telefax: +371 68620455

info@omniscriptum.com
www.omniscriptum.com

OMNIScriptum

FSC
www.fsc.org
MIX
Papier | Fördert gute Waldnutzung
FSC® C083411

Kolibri 360 GmbH
Ferdinand-Jühlke-Straße 7
99095 Erfurt, Deutschland
produktsicherheit@kolibri360.de

Druck:
CPI Druckdienstleistungen GmbH
im Auftrag der
Kolibri 360 GmbH
Ferdinand-Jühlke-Str. 7
99095 Erfurt